SFV

Albrecht Goes

LICHTSCHATTEN DU

Gedichte
aus fünfzig Jahren

1978

S. Fischer

2. Auflage: 4. Tausend

Umschlagentwurf: Roswitha + Eberhard Marhold
Foto des Dichters auf der Umschlagrückseite: EBA-Kirschner
Satz: E. C. Baumann KG, Kulmbach
Druck: Georg Wagner, Nördlingen
Einband: G. Lachenmaier, Reutlingen
Printed in Germany 1983
ISBN 3 10 026516 5

1928—1940

DIE KERZE

Nein, du darfst dich nicht bewahren,
Bist du anders je erwacht,
Laß die Sterne strahlend fahren
Über deiner kleinen Nacht;

Laß getrost Äonen dauern
All dies vielgerühmte Licht,
Aber sieh mit Erdenschauern
Weißer Kerze Nachtgesicht.

Eine Dunkelheit vertreiben
Darf die Kerze, schmal und still –
Bruder, willst du anders bleiben,
Als die weiße Kerze will?

Laß der Ruhmeslast Verzeichnis
Uneröffnet, unerstrebt,
Da der Kerze reines Gleichnis
Höherer Bestimmung lebt.

Lebt: zu dauern nicht, zu leuchten,
Leuchtet allen im Vergehn –
Unsre Lose, Bruder, deuchten
Mir im Kerzenlicht zu stehn.

Stern und Tier und Blume kennen
Nur die willenlose Zeit,
Erst im eigenen Verbrennen
Sind wir menschlich eingeweiht.

Stern und Tier und Blume fallen,
Wie ein rotes Herbstblatt fällt.
Bruder, wir allein von allen
Sind zu freiem Dienst bestellt.

Frei darfst du den Abschied geben
Jedem Glück, das du erwirbst,
Denn du stürbest, würdst du leben,
Und du lebst, dieweil du stirbst.

MÄDCHEN, MÜTTER, MUHMEN

Kleiner Stuhl im großen Mai –
Mädchen bleiben stehen,
Wollen, wer im Stühlchen sei,
Gerne das Kindlein sehen.

Mütter sticht die Neugier fast
Wie die Nadelspitze,
Schauen, ob der Erdengast
Wirklich schon richtig sitze.

Selbst die Jungfer Ursula
Mit den hundert Runzeln
Muß vor diesem Stühlchen da
Halb im Vorübergehn schmunzeln.

Alle sind sie wohlgesinnt,
Mädchen, Mütter, Muhmen,
Und im Garten sitzt mein Kind,
Blume in lauter Blumen.

DIE SCHRITTE

Klein ist, mein Kind, dein erster Schritt,
Klein wird dein letzter sein.
Den ersten gehen Vater und Mutter mit,
Den letzten gehst du allein.

Seis um ein Jahr, dann gehst du, Kind,
Viel Schritte unbewacht,
Wer weiß, was das dann für Schritte sind
Im Licht und in der Nacht?

Geh kühnen Schritt, tu tapfren Tritt,
Groß ist die Welt und dein.
Wir werden, mein Kind, nach dem letzten Schritt
Wieder beisammen sein.

KINDERSPIELZEUG

Liegt im Korb die ganze Ware
Eine kindlich lange Nacht;
Aber kaum, daß mit dem Stare
Töchterlein und Tag erwacht,
Hascht der Fant mit flinkem Griffe
Nach dem kunterbunten Gut,
Niederpurzeln Wagen, Schiffe,
Maus und Mohr und Mohrenhut.
Puppen straffen schon die Zöpfe,
Segel blähen sich zum Sturm,
Über Tier- und Puppenköpfe
Hochragt der Chinesenturm.
Kater heult und Braunbär brummelt,
Friedlich nickt der Hampelmann,
Zwischen Turm und Kater tummelt
Sich die Tochter schönbetan.
Stumme Fische liegen trocken,
Und wer wirft sie wohl ins Meer?
Und wer füttert gute Brocken
Braunem Hungerhündlein – wer?
So zu trösten, so zu hüten
Hat mein Kind viel liebe Not,
Wangen auch wie Sommerblüten,
Röter noch als rosenrot.

DER SCHULWEG

Nächtens ist ein Schnee gefallen,
Mehr ein Flaum als gleich ein Fuder,
Und er liegt – nur eben leichthin
Unsren breiten Dorfweg deckend –
Unversehrt noch zu der Stunde,
Da sich Weiß und Nachtblau mischen
Mit dem kargen Licht der Frühe
Morgens um dreiviertel acht Uhr – :

Sieh, da treten aus den Häusern
Rechts und links, hüben und drüben,
Buben, Mädchen, kleine, große,
Blonde, dunkle, jeden Alters:
Da trägt wer behäbig seinen
Sturmerprobten Lederranzen,
Prall gefüllt mit bunter Weisheit;
Während dort die schwarze Gretel
Tausendeilig ihres Wegs huscht,
Huscht wahrhaftig in Pantoffeln.
Neben ihr der kleine kecke
Bruder Wolfgang, Abc-Schütz,
Und er hüpft und hat es wichtig.

Beide stoßen sie am Backhaus
Auf den ältesten und ersten
Schüler von der achten Klasse,
Namens Martin. Seht ihn laufen
Großen Schritts – gleich wird es schlagen –
Aber dennoch voller Würde,
Stolz und seiner Sache sicher,
Recht von Herzen unbekümmert

Um die flinken grünen Schnäbel,
Die sich rings um ihn her regen.

Und nun, da der Schulberg anhebt,
Kommen sie uns aus den Augen,
Schmächtige und wadenfeste
Wanderer zu Lob und Tadel.
Ja, jetzt sind sie ganz verschwunden,
Alle, bis auf einen Spätling,
Der noch heiß den Berg hinankeucht:
Und es weht sein Bubenmantel,
Seine Mütze weht desgleichen,
Das geschnürte Weisheitsbündel
Ist in stürmischer Bewegung –
Halt! Er hat den Berg erklommen
Eben mit dem achten Schlage.
Sieghaft schöpft er neuen Atem.
Sieg auch winkt der Tafelwischer
Und Triumph das Lineal.

BRATAPFEL

Die drei schönsten von der Hürde
Nimm, so hebt das Braten an,
Apfelbraten – nach der Würde:
Kaiser, König, Edelmann.

Steck die gelben in die Röhre,
Gib dem Ofen den zur Hut –
Wenn ich Windessausen höre,
Schmeckt November noch so gut.

Jetzt gewartet. Unterdessen
Magst du in die Wolken sehn;
Freilich sollst du nicht vergessen,
Ein- und zweimal umzudrehn.

Bräunt das Goldne, schmilzt das Weiße?
Und was funkelt rot mich an?
Welcher ists, der Kaiser heiße,
König wer und Edelmann?

Nur ein Weilchen noch, ihr lieben
Fleißigen . . . da habt ihr scheints
Beide Tafeln schön beschrieben,
Zweimalzwei und Einmaleins.

Hier am Westchen hundert Maschen
Ernsthaft rechts und links gestrickt.
Wohl . . . doch jetzt beiseit die Taschen,
Her zum Ofen, hingeblickt!

Seht ihrs nicht mit Mund und Händen?
Duftets nicht in Aug und Ohr?
Wie, daß wir den Zauber fänden
Heimlich hier im Zauberrohr?

Wie, daß man im Zubereiten
Eine Winterabendwelt,
Alle Tag- und Jahreszeiten
Unversehns in Händen hält!

Heißer Saft will niederträufeln,
Und wer soll nun Kaiser sein?
Auch noch Zucker willst du häufeln?
Nimm den Apfel, er ist dein!

DAS PUPPENHAUS

Aber ja, nun ist es richtig,
Seht ihr wohl, und noch zu Christtag
Ist es wirklich und wahrhaftig
Aufgerichtet bis zum Giebel,
Das großmächtiglich ersehnte
Puppenhaus für meine Fräulein.

Wie beschreibe ichs beileibe?
Rote Ziegel auf den Dächern,
Fensterblick in schönste Landschaft,
Stattlich allseits und geräumig,
Platz für Kind und Kindeskinder,
Auch möbliert im kühnsten Stile.

Zwar die Treppen sind vergessen,
Und vergessen ist der Fahrstuhl,
Und so bleibt in diesem Hause
Ohne ewges Durcheinander
Jedes hübsch auf seinem Stockwerk.

Hier nun freilich ist des Kommens,
Des Visitelns und Betitelns,
Der Empfänge und der Bälle,
Der Konzerte auch kein Ende.
Immer neu Willkomm und Abschied,
Trennungsschmerz und Heimwehtränen,
Wiedersehen drauf am Abend . . .
Händedrücke, Händeküsse,
Knix und artige Verbeugung
Aller dieser Herrn und Damen.

Nur der braune Bär im Ställchen
Weiß nicht recht sich dreinzufinden,
Gar zu dick sind seine Pfoten,
Und er blinzelt beinah schüchtern
Nach dem vielgerühmten weißen
Elefanten auf dem Wandschrank.

Dort hinaus gehts zum Balkone,
Wo die Schaukel aufgestellt ist,
Offen unterm offnen Himmel.
Ach, wers dürfte, wers vermöchte:
Puppengleich sich einzuspinnen,
Fädchen sacht zu Fädchen fügend,
Und am Ende dann des Winters
Vom Gestänge dieser Schaukel
Neugeboren, gelbgewandet,
Als ein Falter aufzufliegen –
Aber solches ist ein Traum nur.

Bleiben wir denn gut und redlich
Mit den Füßen auf dem Boden –
Horch! und ruft da nicht das Glöckchen
Lieb- und löblich uns zur Labung?
Einen Fingerhut voll Mokka
Mit dem I-Punkt süßer Sahne
Läßt sich keiner leicht entgehen.
Feuereifrig sind sie alle,
Kleine Herrn und große Damen,
Bei dem zierlichen Gelöffel.
Selbst Freund Petzens Glasguckaugen

Blicken schwarz und höchst genäschig.
Und ihr selber, meine Fräulein,
Sagt, und habt ihr auch für euren
Vater noch ein schwarzes Schlückchen?

IM JUNI

Es ist Juni und ist gut.
Mütter singen Kinderreime,
Und der Sommer singt im Blut.

Kinder knicksen tief und froh,
Rutschen in der goldnen Kutschen
Eins, zwei, drei nach Nirgendwo.

Drüben an dem runden Saum
Blüht ein kleiner Apfelbaum.

ALTWEIBERSOMMER

Die Weiber packen ihre Sommersachen
Noch einmal aus.
Auf der Bank vor dem Haus
Und am Rand der Allee
Sieht man sie sitzen und stricken und lachen.
Nun tut die Sonne nimmer weh.
Eine sagt vor sich hin: ich seh
Silberne Fäden inmitten des Blaus –

– Während die Buben die Schnur an dem Drachen
Immer länger und länger machen.

BANGNIS

Noch eben waren die Birnen schwer,
Jetzt sieht man kaum mehr den Baum –
Das Dunkel kommt so plötzlich her
Und raubt sich den täglichen Raum
Und macht die Ebene wach und weit
Und macht die Wälder bang,
Und wer noch wandert um diese Zeit,
Dem werden die Straßen lang –

Und die auf den dunklen Treppen gehn,
Machen sich furchtsam Licht,
Und wer allein ist, dem kann es geschehn,
Daß er laut mit sich selber spricht –
Und Kinder fangen an zu schrein
Und rufen zur Mutter hin.
Das Dunkel aber spricht allein
Zu allen sein »Ich bin«.

MOZART, FIGAROS HOCHZEIT

Wir möchten es so gerne Wunder nennen,
Das Unbegreifliche, was er uns tut:
Er legt die Hände in die große Glut,
Ganz ungeschützt, doch ohne zu verbrennen –

Er rührt die Liebe. Und die wir erleiden,
Die lockt den Meister in den Lobgesang.
Wir sind im Ernst – und ihn beglückt der Drang,
Die Liebenden als Spieler zu verkleiden.

Als wäre Liebe nur im Opernhaus
Und wäre das, was aus den braunen Geigen
Als Schelm- und Engellachen zu uns dringt.

Wir ziehn zur Liebe wie zum Kriege aus–
Ihm ist genug, den Himmel heiter zeigen.
Wir sinnen, sagen, klagen.
Und er singt.

DIE LIEBENDE BITTET

Ich wage, Herr, für dieses Herz zu bitten,
Das mein ist – wie ein Mensch darf sagen: mein –
Es kam von dir und wird nach wenig Schritten,
Wenn du geruhst, Herr, wieder bei dir sein.

Doch für den Tag – du lässest ihn erscheinen
Den Blumen und der ganzen Kreatur –,
Den Erden- und den Liebestag, den einen,
Da wir hier unser sind, den einen nur:

Du wollest, Herr, in dieses Tages Stunden
Dies Herz entfalten wie ein schön Gewand,
Daß, die es ansehn, inniglich gesunden,
Als wie beschenkt von einer heilen Hand.

Ich habe nichts, mein Gott, vor dich zu treten,
Als diese Bitte und als dies: vergib,
Wenn ich nicht recht für dieses Herz gebeten.
Es ist, ich habe dieses Herz so lieb.

EWIGE HEIMAT

Nimmer der Weite gehört und nimmer dem endlosen Wandern
Stunde und Herz. So will das Gesetz es der Wandlung.
Aber wie sollt ich vergessen
Heller Ferne Gesang?

Wie verlör ich die Nacht, wie sie nur Wandernden aufgeht,
Und den sprengenden Reiter Orion am Himmel
Und darunter der Städte
Und Gehöfte Gestalt?

Und das Gefühl von Heimweg, und wie die Bäume dort stehen
Anders als sonst, und anders scheinen die Lichter,
Ach, gehört nicht dies alles
Dem nur, der es verläßt?

Hart ist des Amtes Befehl und des Dienstes täglicher Anspruch.
Bitter ist Müdegewordensein. Aber noch immer
Tut über brennenden Augen
Ewige Heimat sich auf.

CHRONIK

Geschrieben steht auf einem von den Blättern,
Den arg vergilbten, mit Gelehrtenschrift,
Was Andres Arnold, Roßhirt hier, betrifft,
In längst veralteten, längst blassen Lettern:

Geboren siebzehnhundertvierzig. Dann geworben
Um Magdalene Kümmerle. Getraut.
Am Haus des Lebens schlecht und recht gebaut.
Elf Kinder. Früh verwitwet. Spät gestorben.

Dies ist das Leben irgendeines Mannes,
Und keiner sieht mehr dieses Lebens Spur,
Und unsre späten Augen finden nur
Im Kinderreihen dreimal stehn: Johannes.

Dreimal die Zeugungsnacht. Und dreimal schwanger.
Dreimal gebären. Dreimal erster Schrei.
Dreimal ein Kampf, wer hier der Stärkre sei:
Gott oder Roßhirt. Dreimal Totenanger.

Dreimal ein Kindergrab. Mit weißen Steinen
Schön eingefaßt. Und Blumen. Und man kann
Sie sonntags sehen. Einen großen Mann,
Sein Weib daneben. Still, ganz ohne Weinen.

Und dreimal hier im Buch den gleichen Namen:
Johannes Arnold. Und das Kreuz besagt:
In Christi Namen schlafe, bis es tagt.
Du warst, Herr, und du bleibst der Sieger. Amen.

ANTLITZ DES MENSCHEN

Nicht dir, Vogel, zu gleichen ist mir gegeben,
Wipfeln jubelnd vertraut und Gipfeln der Berge,
Schwerelos schön Zuschwingender du,
Bruder des Lebens.

Nicht dir, Schlange, zu gleichen ist mir geboten,
Dunkelgebürtig Getier und kriechend im Dunkeln,
Ungeliebt noch im Funkeln, und immer ein giftig
Züngeln des Abgrunds.

Süßem Leben zugleich und allen bitteren Fiebern,
Himmel und Erde teilhaftig bin ich geboren,
Mit dem versehrten und dennoch unendlich getrosten
Antlitz des Menschen.

1941–1960

SIEBEN LEBEN

Sieben Leben möcht ich haben:
Eins dem Geiste ganz ergeben,
So dem Zeichen, so der Schrift.
Eins den Wäldern, den Gestirnen
Angelobt, dem großen Schweigen.
Nackt am Meer zu liegen eines,
Jetzt im weißen Schaum der Wellen,
Jetzt im Sand, im Dünengrase.
Eins für Mozart. Für die milden,
Für die wilden Spiele eines.
Und für alles Erdenherzleid
Eines ganz. Und ich, ich habe –
Sieben Leben möcht ich haben! –
Hab ein einzig Leben nur.

ENDLICH EIN STURM

Endlich ein Sturm.
Nicht ertrug ich länger den milden
Föhnkranken März.

Atem stockte und Mut
Und wie ein gärender Südwein
Stieg die Betäubung, die Angst.

Nun aber Sturm. Und es blüht
Offenen Himmels Gezelt
Weiß als im wachenden Tag –
Golden zur Nacht.

In den Bäumen der Wind,
All in den Kronen Musik,
All in den Zweigen.

Und ich
Werfe das eigene Herz,
Winterlasttragendes Herz,
Falkner, den Falken empor –

Wie, und wie kehrst du zurück?

NACH SCHWEREM WINTER

Ob dir gleich in winterwährend
Dunkler Welt den Sinn versehrt
Schwermut, die der süßen Hoffnung
Flügelschlag und Flug verwehrt,

Ob der Hall vom Schrei der Krähen
Dir im Ohr noch, lang und bang,
Und aus Nächten, vieldurchwachten,
Klagender, des Windes Klang –

Ach das Herz, es mild zu trösten,
Ist das Kleine groß genug:
Eine gelbe Krokusblüte,
Einer Wolke Frühlingszug.

KINDHEITSOSTERN IN DER GROSSTADT

Nur ein Hof und halb ein Garten,
Zehn, zwölf Schritte im Geviert,
Wie, wie haben sich Akazie
Hier und Rotdorn herverirrt?

Wohl, ein wenig Gras, und bläßlich
Der Aurikeln schmaler Saum,
Und du siehst die Teppichstange,
Und den Himmel siehst du kaum.

Amsel nicht und goldner Imme
Flügelschlag nicht kehrt er ein –
Menschenlos nur blickt aus hundert
Fenstern still und streng herein.

Aber Ostern! Kinderostern,
Enkeltag und Ahnenbild,
Und das Nest ist leicht gefunden
Und die Sehnsucht früh gestillt.

›Führst du mich, mein Kind?‹, ›Ich führe.‹
Und der Treppen sind es vier.
Und rund um das Ei geschrieben
Steht: dies Ei, ich schenk es dir.

Gingen Jahre – und ein Garten
Kam, ein Wunder kam herbei:
Weg und Waldung, Blumenwiese,
Moosversteck und Jubelschrei,

Buntes Ei und farbger Zucker,
Hasenpracht und Marzipan –
Wie geschiehts, daß einer plötzlich
Nichts als sich verbergen kann?

Wer begreift solch närrisch Wesen
Und so wunderlichen Sinn,
Wer, daß ich nach jener ersten
Rotdornhecke durstig bin?

Und ihr fragt mich, was ich finde,
Geh ich weiter weit zurück?
Einen kleinen Becher Armut,
Einen großen Becher Glück.

AM GARTENFENSTER

Ausgewandert bist du, meine Seele,
Durch das offne Fenster dieser Nacht
In des Gartendunkels süße Drängnis,
In des Quittenblütenbaumes Pracht,
In den Vogellaut, der spät noch klingt,
– bleib, o bleibe, zärtliches Getön! –
In den Nachtwind, der die Lilien streift,
– und die weißen Lilien sind schön –
In der Beerenbeete künftig Schwellen
Und des Brunnens Nun und Immerdar,
In die große, atemlose Stille –
Sterne fallen, Wünsche werden wahr:
Kindheit ruft, und ruft mit Mutterstimme,
Liebestag glüht auf und Tränenglück –
Ausgewandert bist du, weit von hinnen,
Und ich hol dich, Seele, nicht zurück.

GRUSS AN RUMÄNIEN

Nun, da es hoher Sommer wird, denk ich, Rumänien, dein:
Wie glühend mag, du Sommerland, dein hoher Sommer sein.
Schwarzerdges Mais- und Weizenreich, schwellend von Lust
und Kraft,
Du Land wie eines Weibes Leib in heißer Schwangerschaft.

Nun birst von Farbe, Frucht und Duft der Markt von Craiova,
Goldroter Aprikosenberg und grüne Paprika,
O dunkelblaue Eierfrucht, Schafkäse, Öl im Krug,
O weißer Wein von Mediasch, nie trank ich dich genug!

Nun treiben sie nach Temeschburg das schwarzgefleckte Vieh,
Viel buntgesticktes Reisekleid, weißlinnen tragen sie,
Und haben Rundgesang und Tanz und Lieb und Liebesleid,
Und trinken an der Erde Brust die große Trunkenheit.

Benachbart wohnen sie zusamt, mit Stab und Pflug und Netz,
Hirt, Bauer, Fischer, Musikant, in Landfried und Gesetz,
Schwarzäugiges Rumänenvolk, Bojar und Bürgersmann,
Und allen ist das eine Licht des Himmels aufgetan.

Vor der Ikone beugt sich tief zum Kuß der Diakon,
Und durch die Kathedrale dringt ein langgezogner Ton,
Es singt der Priester, angetan mit silbernem Brokat,
Den alten, heilgen Glaubensruf: Christos a inviât!

O Morgenlicht am Predeal zu der Karpaten Fuß,
O Schlaflied aus der Walachei und weißer Sterne Gruß!
Von allem Land auf weiter Fahrt, das irgend mir geschah,
Kein zweites war mir lebenssüß wie du, Romania!

SPÄT IM JAHR

Habt Vorrat ihr genug, ihr meine Augen,
Für einen Winter, lang und weiß und grau?
Nehmt noch dies Asternrot, dies weiche Lila,
Dies späte Gelb, dies herbstlich klare Blau,

Und nehmt den Silberglanz der großen Flüge
Des Habichts und des Eichelhähers wahr,
Und auch den Birnbaum nehmt, ein goldnes Gleichnis
Des Überschwangs vom segensreichen Jahr.

Und endlich nehmt das Lächeln und die reine
Strahlung des schönen Menschenangesichts,
Und alle Nacht wird herrlich euch erhellt sein
Vom farbgen Widerschein geliebten Lichts.

DAS WAGNIS

Nicht den Fels zu erschüttern vermag ich, wie Orpheus
vermochte,
Aber ich wage das Wort, wie das Wort er gewagt.
Steine schweigen, ich weiß. Doch, wenn ein Herz ich bewegte,
Wär ich, bewegt ich ein Herz, nicht von des Orpheus Geschlecht?

DIE HÄNDE

Zuweilen träumt mir (doch ich träume wachend),
Ich ging allein durch eine tiefe Schlucht,
Wald stünde hoch zu beiden Seiten auf,
Und also eng, so träumt mir, sei der Weg,
Daß immer nur ein einzelner ihn bahnen,
Ihn seinen eignen Schritten öffnen kann.
Denn bis zur Erde schier, um Knie und Hüften,
Um Brust und Schulter, Haupt und Haupteshaar
Des Wandrers auf dem Wege breitet sich
Der Zweige vielverschlungenes Gewächs,
Der Zweige. – Aber das sind Zweige nicht,
Das sind – ich seh sie einzeln, seh sie alle –,
Sind Hände, die mich fassen, halten wollen.

Sie greifen nach mir, wollen, daß ich greife:
Die heiß, die kühl, die fest und diese zaghaft,
Die strahlend wie das Leben, wie die Sorge
Die hier, und die wie Urverlassenheit
Nach einem greift – und ich, ich habe
Zwei Hände nur und einen weiten Weg.

Ich eile – wie man denn in Träumen eilt – ,
Ich möchte eilen, fliehen, möchte all
Die Zweige, ach, die Hände seitwärts schieben,
Behutsam freilich, doch des Ziels gedenkend,
Des Abends auch, der schon die Schlucht bedroht.

Da aber endet mir mit eins der Traum.
Und wach ist alles. Überwach die Frage:
Hände sind auf der Welt, die auf dich warten,
Wie dürftest, dürftest du vorübergehen?

ERSCHÜTTERUNG

Zu denken, daß es Jahr und Tage gab,
Da du die Welt und dich die Welt geliebt –
Der Strom, auf dem die großen Schiffe fahren,
Das weite braune Land, die hellen Pappeln,
Der Wind vom Meer her und der weiße Glanz,
Der über beide, Erd und Himmel, fährt
Gleich dem Gestirn, des Weg ohn End und Anfang.

Zufror der Strom. Und winterliche Spiele,
Die Lust am Eislauf und der Ferne Lust,
Umfingen dich wie Tanz und Liebeswort.
Aufsprang das Eis in eines Frühlingsabends
Mildwarmer Dämmerung, und das Herz begann
Zu atmen, ach zu strömen, innig jung.

Und all die große Herrlichkeit zu denken:
Des Tags Beginn, die morgendliche Flamme,
Wie sie durchleuchtet ragendes Geäst,
Die hohe Feier und die frühen Schatten,
Mondsichelglanz in einer blauen Nacht –

Und dies zu denken: daß Musik, Musik,
Der Geigen, Flöten, der Oboe Wohllaut,
Des Weltalls und der Harmonien Gespräch
Dich einbezogen in den heilgen Kreis
Zu Ruf und Echo, zu geheimer Wandlung –

Dies Deine denn.
Und dann, o dann zu denken,

Daß unterdes auch mir die Welt erschien,
Tag, Nacht und Sturm und rätselvolle Botschaft,
Geburt und Tod und Liebe und Gefahr.
Ich schwieg und lauschte. Und ich sah und sang.
Ich lebte. Aber dies zu denken, *daß*
Ich lebte, auf der Welt war, irgendwo,
Und nicht bei dir, und nicht mit dir, in dir:
Unwiderruflich dies zu End zu denken
Vermag ich nicht –

DER STERN

Wenn man den fremden Mythen Glauben schenkt,
In Sterne sich die Liebenden verwandeln
Und Liebenden die Sterne leuchten läßt,
Dann denk ich, Liebster, dich am liebsten dort,
Wo im Gebild des Kleinen Wagens sich
Die blanke Spitze an der Deichsel zeigt:
Es ist der Polstern dort, wo ich dich finde.

Seeleute in der Nacht auf fernen Meeren
Blicken empor zu seinem klaren Stand
Und ordnen neu den Kurs der dunklen Fahrt.
Obschon viel andre Sterne heller strahlen,
Ihm trauen sie.
                                        Von ihm nur geht die Weise,
Daß er nicht weiche am Gewölb des Himmels
Nicht Nacht und Jahr.
                                                      Und, lieber Liebster, so
Geschehe dir in mir und mir in deinem Leben.

DAS WORT

Ich liebe dich. Es ist das alte Wort –
Wer wars, ders sprach zum allerersten Mal,
Das Wort der Lust, das Quellwort süßer Qual?
Und wie geschahs, daß durch die Zeiten fort

Es weiterdrang? Wer, sag, wer trugs zu dir,
Beladen so von vieler Schicksalsfracht,
Flamme des Tages und Musik der Nacht
Und Übermacht – ach! über dir und mir?

Das alte Wort. Und doch, da ich dirs jetzt
Zusage, ists, als sei es nie zuvor
Berührt von Lippen, zitternd, heiß und schwer

Wort, neugeschaffen, rein und unverletzt
Für diesen Mund nur und für dieses Ohr:
Hör mich, o du! Ich liebe dich so sehr.

ABENDS IM TESSIN

War es gestern – und wann war es?
Dies der Weg zum Tisch aus Stein.
Abend im Albergo Ronco,
Weißes Brot und dunkler Wein.

Du die Flöte, ich die Stimme.
Stimme schweigt und Flöte ruht.
Ich die Trauer, du die Tränen –
Schlaf ist über beiden gut.

Wiederkehr und Wiederfinden
O das ferne Ichunddu!
Heimweh sagt: ein Tag währt ewig,
Liebe weiß: ein Jahr – ein Nu.

Hier, da wir des Weges kamen
Bang-erglühten Angesichts,
Was geschah seit jener Stunde
Goldengroßen letzten Lichts?

Nichts, als daß ein Mandelbäumchen
Ein- und zweimal Blüten trug –
Wandellos bleibt Liebesantlitz,
Flötenholz und Tränenkrug.

IMMER KIEFER AM WALDRAND

Immer Kiefer am Waldrand
Ausgesetzt immer
Beiden: der Kälte, der Glut –
Jetzt dem feuchtzornigen Sturm,
Jetzt dem schweren Gesetz der
Nichts-als-verrinnenden Zeit.
Breit ist – o Jahrlast – der Stamm,
Leicht nur und offen die Krone, ach
Wenig Zuflucht im Wetter.

Wenig Zuflucht, ich weiß,
Ist ein erschrockener Mann.

Nur die Liebenden, wenn
Ihnen das Wort sich versagt,
Fühlen, da sie sich halten,
(– komm nur, lehne dich an! –)
Fühlen im rissigen Holz
Preisgegebenen Lebens
Jähe Verwandtschaft.

ABER IM WINDE DAS WORT

Gut ist die Hausung, der Hort,
Und der Menschen Zuzwein und Zudrein,
Aber im Winde das Wort
Heißt: immer ist einer allein.

Glückliche Stunde am Meer
Und der Einklang des Lebens so groß!
Vogel, flieg – und wie leicht ist das Schwer,
Weiße Flut – und wie lösest du los!

Und der fremde Schritt wie vertraut,
Wie verwandelt das Fern und das Nah,
Wir wagen den leisesten Laut,
Und die Botschaft des Trostes ist da.

Und wir wenden den Fuß, und es schließt
Sich der Tag und es schließt sich der Kreis.
Schicksal selbst, das zornige, fließt
Gelind und gelinder – ich weiß.

Aber da stürzt es herein,
Dunkel ins selige Licht:
Immer ist einer allein,
Und ich helfe ihm nicht.

NEHMEN, GEBEN

Nehmen. Geben. Wer zu rechnen liebt,
Der wird nie auf seine Rechnung kommen.
Leben lehrt: wer einen Finger gibt,
Dem wird gleich die ganze Hand genommen.

Gabst du? Wohl, du gabst. Nun warte nicht,
Daß die Jahre dir die Schuld begleichen.
Wags, ob auch die Klugheit widerspricht,
Soll und Haben kühnlich auszustreichen.

Dieses nur. Dann leg den Stift beiseit,
Armut wird dich unversehns versöhnen,
Ja, sie selbst, die karge Endlichkeit,
Will dich ans Unendliche gewöhnen.

FÜR BRIGITTE

Liebes Kind, es ist die Welt
Zwar ein Haus mit vielen Türen,
Aber also ists bestellt:
Bis zur Tür kann ich dich führen,
Klopfen mußt du dann und klinken
An der Türe ganz allein,
Ob dir Glück, ob Schmerzen winken,
Glück und Schmerzen werden dein.
Komm und geh und tritt herfür,
Segnen werden dich die beiden –
Glaub mir: an der letzten Tür
Sind sie nicht zu unterscheiden.

DEN MÜTTERN

Vieles Böse geschieht.
Aber dieses, daß Kinder
Immer von neuem die Augen aufschlagen zum Leben,
Eben umhüllt noch vom Urtraum im Leibe der Mutter,
Und schon umfangen vom Auge der Sorge und Liebe.
Weinend zuerst,
Doch dem Weinen gesellt sich ein Lächeln,
Staunen sodann und Ergreifen und endlich ein Rufen –
Vieles Böse geschieht,
Aber dieses, ihr Mütter,
Dieses ist gut.

MUSIK AUS DEM ÄTHER

Köchel 515,
Mozart, Quintett in C-Dur.
Schloß Ludwigsburg sendet – bei Kerzen –
Die Leuchter sind weißporzellanen,
Meißner Manufaktur.

Nein, nichts von Lichtern und Leuchtern
Einer zärtlich geselligen Welt –
Nur diese Nacht – und die Botschaft,
Die einen fast schon Verlornen
Am Leben hält.

ZAUBER DER VERWANDLUNG

Für Hans Carossa

Nicht den Kreisel, Singekreisel,
Feuerrot und grün geründet,
Ringe und geschwungne Seile,
Spiegel nicht, auch nicht das bunte
Spiel der Bälle nenne, wenn du
Zauber nennst – und würfest du gleich
Ihrer sieben wie Rastelli –

Leicht noch heiße dir, was schwer ist:
So die Kunst zu musizieren.
Bogen, Steg und Griff und Saite,
Weißer Taste, schwarzer Taste,
Strengem Instrument entreißen
Himmelssturm und Erdenbeben
Und den Jubel und die Klage.

Nicht zu prahlen ziemt dir mit dem
Schnellen Sieg erglühter Sinne.
Gleicht doch Leben stets dem dunklen
Kohlenmeiler, der den Brand hegt,
Irdisch halb und unterirdisch;
Nur gelinden Winds bedarf es,
Und schon loht die hohe Flamme.

Dieses nicht. Und nicht das milde
Sterngeheimnis einer Freundschaft,
Nicht den Bund der schönen Geister
Nimm zum Zeugen, wenn dich einer
Fragte, ob du wissest um den
Einen würdigen und wahren
Reinen Zauber der Verwandlung.

Aber dies: ein Herz, ein schweres
Herz, des Nächsten Herz begleiten,
Einen Weg und vieler Wege
Aufundab und Hinundwider –
Binden, lösen, halten, heilen,
Heiter und wie sonder Mühe:
Solches rühme, wers vermöchte.
Aber wer, sag, wer vermag es?

NACHTWACHE

Wer wacht jetzt noch, wer fragt jetzt noch,
Wer, der noch Echo will?
Die Nacht ist lang, die kühle Nacht,
Und still und viel zu still.
Die fernsten Schritte hör ich nah
Wie meinen Herzschlag fast,
Im Fernsten, scheint, bin ich daheim,
Und bei mir selbst nur Gast.

Ich hör es: meinen Namen nennt
Ein Mensch im dunklen Bann –
Was bin ich für ein stumpfer Knecht,
Daß ichs nicht deuten kann:
Schuld ich ihm Botschaft, Gruß und Dank,
Herberge für die Nacht?
Mein Leben schuld ich, und er ruft –
O lange, bange Wacht.

Ich fürchte mich. Ich fürchte wohl
Das viele Schweigen nur.
Reglos vorm Fenster starrt der Tann,
Reglos im Turm die Uhr.
Der Brunnen selbst verlor zur Stund
Sein Macht und Melodie,
Lang ist die Nacht, die kühle Nacht,
Und still und still wie nie.

Der Eine, der jetzt kommen müßt,
Der böte mir die Hand,
Vom Unverstörten spräch er mir
Im vielverstörten Land:

Orion jagt wie eh und je
In goldnen Schuhn daher,
Und Nuß und Quitte fällt vom Baum –
Was fürchtest du so sehr?

Der Eine nicht, der Andre nur,
Der Rufer nur ist da,
Die Stimme des, dem weiß nicht wo
Lieb oder Leid geschah.
Geschiehts, daß sie, die einsam und
Dem Tode nah vielleicht,
Das selge Meer- und Muschelohr,
Das Ewig-Ohr erreicht.

Geschiehts. Anhebt ein Morgenwind,
So ist die Nacht vorbei,
Die Stille, die uns bange macht,
Und der verlorne Schrei.
Geschiehts. Ein rötlich Frühgewölk
Rings auf- und niederzieht.
Wer wacht jetzt noch, wer fragt jetzt noch?
Vertraue: es geschieht.

IM ERWACHEN

Eben ists noch, daß ich schlaf und träume
Freien Traum im irdischen Verlies,
Farbges Spiel der Morgenwolkensäume,
Schuppenfisch und Halsschmuck aus Türkis,
Dann, erwachend ach, und schon inmitten
Aller Erdenangst und Menschennot
Wag ich dieses: Gib mir, Herr – zu bitten,
Eine Freude gib mir, lieber Gott!

Nicht daß ich die großen Wünsche meine,
Jene Berge grenzenlosen Blicks,
Da mit Firn und Bussard im Vereine
Leben lacht des widrigsten Geschicks.
Was ich bitte? In die offnen Hände
Einen Becher Wahrheit sonder Trug.
Ja, und wenn ich einen Mondstein fände,
Wär es Freude, Freude schier genug.

Wer, o Herr, wer wüßte je zu fassen
Das Geschmeide deines Wiesentaus,
Und wie soll ich bitten um die blassen
Falterflügel flüchtgen Silberblaus?
Doch von deinen immerwähr'nden Dingen
Gib die drei mir: dunklen Brunnens Klang,
Winde, die durch Hochwaldkronen schwingen,
Und der Menschenstimme Lobgesang.

Ungenügsam immer – und ich bitte
Um den Gruß der Kinder auf dem Weg,
Um der Freunde Schritt zu meinem Schritte,
Um der stillsten Stille Herzgeheg.

Nur, daß ich für ewig nicht vergesse
Nicht das Wagnis, nimmer die Gefahr.
Und mein Teil und Leben ist der Esse
Feueratem nun und immerdar.

Sonne steigt, des Tags gestrenger Wächter,
Und des Mittags dumpfe Glut ist groß.
Mach, o Herr, den Schultern traggerechter
Manneslast zugleich und Menschenlos.
Laß, den Abend innig zu erfüllen,
Den mich treffen, den Tobias traf,
Und zuletzt, mich kindlich einzuhüllen,
Gib den Schlaf mir, lieber Gott, den Schlaf.

LANDSCHAFT DER SEELE

Kein Himmel. Nur Gewölk ringsum
Schwarzblau und wetterschwer.
Gefahr und Angst. Sag: Angst – wovor?
Gefahr: und sprich – woher?
Rissig der Weg. Das ganze Feld
Ein golden-goldner Brand.
Mein Herz, die Hungerkrähe, fährt
Kreischend über das Land.

DER GAST

Für Hermann Hesse

Nacht nimmt mich auf und Einsamkeit,
Und nirgends ist ein Licht,
Und hundertfältige Schicksalsfracht
Umdrängt mein Angesicht.
Ich aber ziehe meines Wegs
Und scheine herzlos fast;
Verzeih mir, daß ich weitergeh,
Begreif: ich bin ein Gast.

Mein ist, begreif, des Bleibens nicht
Zu Treuen und zu Dank,
Mein ist das graue Wanderbrot,
Der flüchtge Labetrank;
Der Wind ist mein, der weiterweht,
Und keiner weiß wohin –
Und mein sind deine Tränen auch,
Daß ich von hinnen bin.

Zwei oder drei sind vorbestimmt,
Begreif, zur Fremdlingschaft –
Gib ihnen keinen Bürgerbrief
Und goldne Kettenhaft.
Doch gib, wenn vor dem Herbergstor
Vielschwarze Schatten stehn,
Den Reisesegen gib, auf daß
Sie nicht verlorengehn.

Sie sind das Ohr, das merkt und hört,
Der Mund, der lange schweigt,
Der Fuß, der selten müde wird,
Die Hand, die ostwärts zeigt –

Da geht am Rande denn der Nacht
Ob dein und meinem Lauf
– rotschimmernd erst, wie Feuer dann –
Die Morgensonne auf.

Sie sind, ich bin – ich bins, der dich
In Traurigkeiten weckt,
Der Klopfende, der Bote, der
An Traumesfenster schlägt.
Doch eh daß du den Vorhang teilst,
Bin ich, verzeih, schon fort:
Begreif, daß mein der Abschied ist,
Abschied und Abschiedswort.

Nur dies ist: daß, wer Abschied sagt,
Der sagt auch: Wiederkehr.
Und daß die Stunde golden sei
Und früchtesüß und -schwer,
Das bitte du, das bitte ich
– o Bittens linde Last!
Wirds sein, daß du nicht fürder klagst,
Wirds sein, daß du »Willkommen« sagst,
Und »Gast« und »Lieber Gast«?

VERLORENER HEIMAT EINGEDENK – KÖNIGSBERG

Dürft ich träumen, wie ich wollte,
Träumt ich mich an deine Seite,
Und wir gingen aus, selbander
Deine Kinderheimat suchen.

Und wir fänden, was wir suchten:
Weites Land und hohen Himmel,
Wolken, groß wie Fabeltiere,
Samland, eine einz'ge Wolke.

Fänden gleich den halbverwunschnen
See, geliebte Sommerzuflucht.
Nur die Erlenstämme nennen
Zwanzig neue Jahresringe.

Und den Märchenbaum Wacholder –
Und in welches Märchen gehn wir? –
Und im Mittagslicht, von weißen
Birken eingesäumt, das Rasthaus.

Wirklich: eine offne Kutsche,
Wirklich: Pferde aus Trakehnen,
Doch der Schwager – wenns nur gut geht! –
Labt am Bärenfang sich reichlich.

Wald nun endlich, ohne Ende,
Und wir fahren durch die Wälder.
Still – sie bleiben stehn – sie fürchten
Nichts von uns, die scheuen Rehe.

Ferne nur, ach unerreichbar
Fern die Stadt und ihre Türme,
Und wir denken Schloß und Domplatz
Und die Herrn- und Königsnamen:

Simon Dach ist: Lied der Freundschaft,
Herder heißt ein klarer Morgen,
Schattenspiel im Vorhang: Hamann,
Offnes Weltenfenster: Kant.

Dies ist immer. Immer währen
Die Gedanken, die Gebräuche –
Und wir singen, wie wir sangen:
»Zogen einst fünf wilde Schwäne – «

»Kutscher, bis zur nächsten Biegung,
Daß wir noch ins Offne schauen,
Daß wir noch – der Wind ist günstig –
Atem holen von der See her.

Horch und schau: die freien Vögel
Kennen meine Stadt und kennen – – «
Doch dein nächstes Wort schon decken
Wind und schweres Kranichrauschen.

Ausgestiegen. Ausgeträumt nicht.
Letztes Licht umgrenzt den Himmel,
Und wir schweigen in das große
Schweigen des verlaßnen Landes.

IM BEGINENHOF

Laß mich nur erst durch die Pforte,
Und ich will den Weg schon finden,
Diesen Weg im halben Lichte
Unter streng gestutzten Bäumen
Im Beginenhof zu Brügge
Wiesenein.
                    Und eingedenk,

Daß ich hier vor vielen Jahren,
Vielen Leben schon gewesen,
Mit Franziskus und Clarissa,
Mit der Mutter, mit dem Mädchen –

Rings im Gras der Frühlingsfrühe
Stehn die weißen Sternnarzissen,
Büschelweise. Ihrer sieben,
Ihrer dreißig hier und hundert.
Milde, grüne Seligkeit.

Geh' ich jetzt, so komm' ich wieder,
Wenn die Glocke Vesper läutet –
Drei Uhr, heil'ge Todesstunde –
Und die Schatten fallen ein.

Und ich wage nicht zu atmen,
Und ich denke: dieses will ich –
Gib mir Gnade, Gott! – am Ende,
Ganz am Ende dies noch sehen,
Wenn ich nichts sonst mehr erkenne.

ROSE DES ABENDLANDES

Sähe dich einer, du glühtest – wie dort im Straßburger Münster
Die Rosette erglüht, Rose des Abendlands.
Zwar, es umdroht dich Gefahr: des Weltfeuers zornige Flamme
Wagt sich, Schutzlose du, an dein heiliges Haupt,
Und der Bedenkliche fragt: was soll, da rings die Gewalt herrscht,
Rose, dein Glanz und dein Duft, Rose, dein leuchtend Vertraun?
Aber es waltet noch immer des Opfers strenges Geheimnis,
Und das Vergehende schenkt unvergängliche Kraft.
Sähe dich einer – im Dunkel, ja tief in der Nacht noch
Sieht der Leidende dich, und du erneust ihm das Herz.

DIE ZUVERSICHT

Freilich, das Feld ist zerstampft. Des grimmigen Hagels Gekörne
Schlug vor der Ernte den Halm, gab der Verwesung die Frucht.
Gift auch legte der Feind, der Feind im eigenen Lande.
Fiebernd taumelt ein Schwarm wilder Insekten im Sumpf.
Aber am östlichen Hang, wo eh das Feuer gewütet,
Prangt wie vor Jahren und neu weißen Holunders Geleucht.
Blieb ein einziger Keim. Doch bei dem einzigen Keime
Erd und nährendes Salz, Himmels erquickende Flut,
Zuversicht heischend. Und also, mit nicht geringerem Worte,
Ruft über Stunde und Tag dich der lebendige Geist.

DIE BRUNNENKAPELLE

Gestern wars ein grau Gehäuse,
Kleine große größre Schale,
Aus verborgner Quellentiefe
Unaufhörlich Wasser spendend,
Kühl und strenges Element.

Aber heute, da die Sonne
Wiederkehrte, mittagleuchtend,
Ists der gleiche Brunnen nicht.
Wohl die Schalen: doch inmitten
Grün und goldene Geflechte,
Lichter rings und ringsum Schatten,
Spiegelbilder der befreiten
Seelen, die da musizieren
Eines Tons, in allen Tönen
Jetzt, und jetzt im hohen Chore,
Zugetan dem Wunder Gottes,
Stimme aller Kreatur.

DIE LANGVERSTOSSNE

Synagoge, Straßburger Münster, Seitenportal

Im Abendschatten hört erschrockne Seele,
Dies Bild betrachtend, ein geheimes Lied:
Die Langverstoßne ist die Sehrgeliebte,
Die Blickverhüllte, siehe, die Betrübte:
Sie wartet und sie weiß. Sie ist's, die sieht.

ÜBER EINER TODESNACHRICHT

Fühlt es das Weltherz denn nicht,
Wenn so viel Liebeskraft stirbt?
Wiegt ihm ein Leben so leicht,
Weiß es so eilig Ersatz?
Wir, ach, wissen ihn nicht
Und heißen wohl unersetzlich,
Was unsrem Herzen entreißt
Der großmächtige Tod.
Wege, ihr oftmals begangnen,
Wie endet ihr plötzlich im Dickicht!
Stimme, du zwiesprachvertraute,
Einsame, fürchtest du dich?

Sie freilich, die er uns nahm,
Der geheime Verwandler,
Schweigen sie dunkelen Schlaf,
Lauschen sie fernem Gesang?
Oder wärs, daß sie wirklich,
Leicht nur ans Gitter gelehnt,
Nachbar noch hießen und Freund
Jeglichem Lassen und Tun?
Wärs, daß wir rufen, und sie
Kommen, die selig Befreiten,
Wärs – und sie blieben für immer
Liebend auf unserer Bahn?

DAVIDS TRAUM

Wohin, die mich trug und erhellte,
Welle des Lebens wohin?
Erblinden die Spiegelsteine ringsum
Oder schwindet mir selbst schon der Sinn?
Ob ich die Gesellin mir wecke,
Die Magd aus schlaftrunkenem Wahn?
Schlaf, Abisag – o, daß du wachtest,
Mein Bruder Jonathan!

Lang, lange. Wie, daß sie mich riefen,
Den Jüngsten, den Knaben vom Feld?
Und ein Königsschild hieß mir das Leben,
Eine Harfe – die Welt.
Dann freilich, dann war es ein Anderer,
Der mir zu Hilfe kam,
Und der vor dem Speerwurf des Königs Saul
Gelind mich zur Seite nahm.

Ich war der Gesalbte in Israel,
Der Heilige – war ich nicht.
Meine Jahre Leben, ich schaue sie an,
Und ich sehe ein dunkles Licht.
Ach, und das Feuer, das Feuer,
Das ich fachte, das mir geschah –
Name, weißgleißendes Holzscheit:
Uria und Bathseba.

Vorbei. Vorbei auch der Feldschlacht
Jubel und Ruhm und Pein.
Gedenk ich der Höhen Gilboas,
Gedenk ich, Jonathan, dein.

Die rote Blüte der Aloe,
Fühlt sie den Morgenwind schon?
Bald, durch den Vorhang der Frühe, bald
Tritt ein mein Erbe, mein Sohn.

Vorüber. Aber die Sterne
Am immerwährenden Ort.
Aus den Sternen kommt Sternengeraune,
Aus dem Geraune das Wort,
Verheißung, Isais Lenden,
Meinem, dem Königsstamm –
Ich träume: ein Blachfeld im Dunkeln
Und ein Hirt und ein Licht und ein Lamm.

LAUTESPIELENDER ENGEL

Stimme des Engels:

Sprich mich nicht an! Ich kann dir nichts erwidern.
Ich höre nur der Laute Lobgesang.
Ich hab ein Amt, begreif: den heilgen Liedern
Zu dienen, Klang bei Klang.

Doch fürchte nichts! Denn über allen Worten
Und allem, was geschieht und je geschah,
Klingt dieser Ton und tönt an allen Orten.
Wags und stimm ein, und du bist ganz mir nah.

DIE STIMMEN DER ANBETUNG

Wir suchen dich nicht.
Wir finden dich nicht.
Du suchst und Du findest uns,
Ewiges Licht.

Wir lieben Dich wenig,
Wir dienen Dir schlecht,
Du liebst und Du dienst uns,
Ewiger Knecht.

Wir eifern im Unsern
Am selbstischen Ort,
Du mußt um uns eifern,
Ewiges Wort.

Wir können Dich, Kind
In der Krippe, nicht fassen.
Wir können die Botschaft nur
Wahr sein lassen.

DIE UNABLÖSBARE KETTE

Als wir im Thujabaum schaukelten einst,
Weißt du noch, Bruder,
Und die Mutter rief unsere Namen hinauf
In den Baumwipfel, Bruder,
Dachte sie wohl, daß Streit uns erwarte,
Denn auch sie, die Tapf're,
Wußte zu streiten –
Süß war, mild noch und nahe der
Apfelbaumduft um Jakobi,
Bitter des Nußbaums Arom.
Tisch und Bank war bereit,
Vieles lernen die Knaben:
Sprachen und Länder und Zeit
Und den pythagoreischen Lehrsatz.
Einen Lehrsatz noch nicht:
NUSSBAUMHOLZ IST GUT FÜR GEWEHRSCHÄFTE.

Später dann, die Platanenallee –
Und wir führten die Nachen,
Ausruhend jetzt, in das grüne
Dunkel am Hölderlinturm.
Euere Stimmen waren mit uns:
Rahel, Susanne –
Eure Namen:
Rahel, Susanne –
Heiter dir, Bruder –, doch mir
Bang und flüsternd geliebt.
Schöne, vorläufige Namen. Und
Keiner hatte uns wissen lassen
DEN DEFINITIVEN SAMMELNAMEN ANNE FRANK.

Aber jetzt, wenn das Quittenbaumlaub
Noch im Novemberlicht uns
Seligkeit gaukelt und Glück,
Unschuld der Kreatur –
Wem gehört diese letzte
Die vergessene Frucht
Dort in der Krone?
Rahel, Susanne, Bruder im Thujabaum –
Jetzt freilich würgt am Halse sogleich die
Unablösbare Kette:
BAUMFRUCHT FRUCHTKERN KERNHAUS
BLAUSÄURE AUSCHWITZ.

DER ZWIESPALT

Es ist immer das Sinnen
Über dem menschlichen Werk –
Immer das Strömen innen,
Aber vor Augen der Berg.

Es ist immer die Türe
In den anderen Raum,
Daß ich kindlich erführe
Schlaf und Lächeln und Traum.

Immer im Ungewissen,
Wer sich als Sieger erweist:
Leben, dem Geiste entrissen,
Oder der ordnende Geist?

Leben, wie Tierschrei und Blume,
Leben, gebärende Not,
Leben, du ärmliche Krume
Doch von leibhaftigem Brot?

Oder die Einfahrt in Schächte,
Da kein Bergmann noch fuhr,
Und die Nächte, der Nächte
Stundenschlag durch die Klausur?

Es ist immer die Zweiheit:
Herz, vom Geiste geliebt,
Das sich doch selig der Freiheit
Farbigem Windstoß ergibt.

Aber am Ende, am Ende,
Herze, wes wirst du sein?
Einige, ewige Hände,
Euer allein.

UNENDLICHKEIT

Wer weiß der Vögel Flug,
Und wer den Weg des Windes?
Wer folgt dem Wolkenzug,
Dem Lächeln eines Kindes,

Dem Licht im Weizenfeld,
Dem Fall der Regentropfen,
Dem Herbstlied aller Welt:
Früchte, die niederklopfen?

Du würdest arm und alt,
Eh daß du könntst durchdringen
Die ewige Gewalt
In den geringen Dingen.

1961–1977

ERWACHEN WIEDER

Erwachen wieder
Und so angstvoll früh
Als wärs schon bald zu spät –
Wofür zu spät? Frag nicht, wofür zu spät.
Zu spät, um ganz die Notenschrift zu lernen,
Darin die ersten Amsellieder stehn,
Der Lobgesang, der Lockruf aller Liebe,
Die Stimme Warnung an die junge Brut:
Raub Tod Geschrei Gewalt ist in der Welt.
Ich weiß. Du weißt. Wir alle hier –
Und dennoch:
Den Morgen dieser Erd', und wärs der letzte,
Wag ich zu rühmen in der Amsel Lied.

TÜBINGEN, 1928

Im halben Licht des Nachmittages
Flußaufwärts rudernd und allein –
Du Spiegelglanz der Silberweide,
Ihr vielvertrauten Häuserreihn,

Mein Fenster dort, Torhof und Leben,
Sturmweg der Nächte, Jahr um Jahr.
Sind zwei im Boot: der, der ich wurde,
Und jener Andre, der ich war?

Wie, wenn ich jetzt die Ruder schweige?
Lautlos schier treibt es mich zurück.
O grüner Strom versunk'ner Jahre,
Lichtschatten du und Wolkenglück,

Und du, aus Wassers Tiefe steigend,
Du groß Erinnerungsgewalt –
Nein. Heute. Hier. Ich seh' des Daseins
Unwiderrufliche Gestalt,

Die Stunde seh' ich, wie sie Träume
Wegweht und wie sie Wünsche stillt,
Seh' das Erreicht', das Unerreichte,
Und, fern von fern: das letzte Bild.

ERINNERUNG 1918

Plötzlich sah ich ihn. Er trug den grünen
Bleyle-Sweater mit den Achselknöpfen,
Und es war ein Nachmittag im Juni,
Gleich nach Schulschluß, draußen auf dem Grundstück.
Zwar Herr Wenzlau hatte ihn getadelt,
Weil das Algebrabuch nun schon wieder
Ungestüme Übungsstriche aufwies,
Doch die Eins im Rechenheft war standhaft.
Onkel, Tante gossen, wie es not tat,
Und er goß auf seinem eignen Beet auch
Ungeschickt und eifrig. In der Laube
Saß, schon zur Lektion bereit, die Ahne.

Plötzlich hört' ich wieder ihre Stimme:
»Mon enfant« und »Lisez cette phrase«,
»C'est bien« und »Encore une fois« dann,
Endlich das ersehnte »Je suis contente«.
Später kamen Kochgeschirr und Suppe,
Und der Onkel teilte einen Apfel
In vier Teile, mathematisch prächtig
Uns zum Nachtisch.
Und ein dunkler Falter
Flog herein und setzte sich am Tischrand,
Einen Herzschlag lang und flog dann weiter.

»Geh'n wir bald?« fragt der im grünen Sweater,
Und steht auf, sein Beet noch zu besuchen,
Dieses kleine Beet im großen Sommer:
Möhrenkraut und Mohn und weiße Lilien.
Aber dann, wie schon die Großen kommen,
Ist der Falter plötzlich wieder sichtbar,
Und es ruft ihn der am Beet bei Namen.
»Trauermantel« ruft er. Und dann gehn sie.

LEICHT UND SCHWER

Wer hieß dich mit Worten tanzen?
Wer erlaubt' dir die Vokabel,
Die vom Großen spricht, als wär es
Fast ein Vorschlag nur, ein Anklang,
Gleich dem Spiel auf Kreidestrichen,
Das die kleinen Mädchen üben,
In der Frühlingssonne hüpfend,
Himmel, Hölle – und nicht mehr?

»Weil ich schwer bin,
Weil es schwer ist,
Fürchte ich den Zorn der Schwere,
Ihrer Rache Schwergewicht.
Und ich höre dem, der Rat gibt,
Gleichnisrede liebend Rat gibt,
Höre seiner Rede zu:
Großes Wort ist fremder Schneepfad –
Diesen Schritt noch, und beim nächsten
Sinkst du ein, und kein Zurück mehr –
Denk's – und: wenn du liebst, sei leicht!
Sing, spricht der, den ich nicht schelte,
Spiel', verbirg, verkleid', verklein're
Und vertrau': noch durch den Vorhang
– Wärs der Abendposse Vorhang –
Wird das Große, das Geheimnis,
Wird die Wahrheit offenbar.«

IM PARK

Wie hundertalt und groß
Der Bäume Stehn und Schweigen –
Als wie von Ewigkeit
Licht in verschlungnen Zweigen.
Und wer bin ich – wer du?
Ein Mensch im Weitergehen,
Dem wolkenweiß und -leicht
So Zeit wie Tag vergehen.

Und doch: der Herzschlag zählt,
Der Einst zum Nun begleitet
Und selbst verborgnem Dann
Die Lebensspur bereitet –
Und doch: es zählt die Kraft,
Die Glück als Glück empfindet,
Wir sind nicht alt, solang
Uns keine Stunde schwindet.

DIE ZEITEN IN ARENENBERG

Nur der Schlag noch der Uhr und der Dufthauch der Blumen
Sagen: »dies ist«. Doch es spricht Tausendgewebe: »dies war«.
Trifft uns des Prinzen Geschick und ein Blatt, von Hortense beschrieben,
Sagen wir: »still steht die Zeit«, sagen wir kühn: »es wird sein«.
Denn in uns, in den späten Beschauern noch, dauern
Beide: Freude und Dank – hier, als im silbernen Licht.

FRESKENMALER IN CORI

Erzähls noch einmal! Es ist lang erzählt:
Daß Er die Sterne schuf und die Oliven,
Und Eva aus des Mannes Rippe nahm,
Daß einer träumt von Ähren, die sich neigen,
Und einer Israel durchs Wasser führt,
Daß er gen Endor ging, der finstre König,
Und daß der Rabe Gottes Boten speist.

Und dieses: daß – nach dieser Zeiten Lauf –
Der Eine dann, Erfüllung kam, der Sohn,
Der dem am Schlagbaum winkt, und reisemüd
Mit einer Frau am Jakobsbrunnen spricht,
Brotbrechend denn zuletzt den Abschied nimmt
Und seinen Kreuzweg geht.
Geschrieben stehts.

Die Bücher sind, helf Gott, beim Monsignore
In stetigem Gewahrsam, sind Latein,
Und die in Cori wissens nicht zu lesen.
Du freilich, du, pittore, lasest lang –
Und weißt zu deuten auch: so deute denn!

Erzähls noch einmal: nimm das helle Grün,
Das Rot, das die Campagna-Sonne dir
Noch am Novembertag ins Weinlaub malt.
Die Ocker sind vertraut: es sind die Farben
Der Hauswand hier. Ein wenig nimm auch Blau –
Der große Giotto, fern in Padua,
Verargt dirs nicht. Und würds ihm fehlen – nun:
Antonius hilft, so sagt man, seinen Suchern.

Und daß noch einer kommt – und dieses Deine
In der Sistina von Sankt Peter sagt,
In Vollmacht sagt – heißt Michelangelo –
– Gottvater selbst rührt ihm den Finger an
Und die Sibyllen raunen ihm die Worte,
Jesajas Ruf und Jeremias Klage –
Das, nein, ficht dich nicht an.
Du hast erzählt.
Und die in Cori, lesens-unkund, lesen
In hundert Sonntagsfrühen Text um Text
In den Quadraten deiner Kirchendecke.

Hochwürden – wie? – höchst kanzelhoch erhoben,
Erhebt die Stimme: gilts die Ketzerei?
Gilts Zorn und Strafe? Oder gilts
Den heilgen Eifer nur: »O Wahrheit, Wahrheit!«
Dies: wie auch immer –
Die in Cori bleiben,
Gereckten Halses, treu und schauenslustig,
Ausharrend bis zum »Ite, missa est!«

Du hast erzählt, pittore, nicht vergeblich:
Spät abends, wenn sie – an des Vaters Statt schon –
Die Kirchtür schließen, die Sigristenkinder,
Dann denkt Francesco: ob er wohl dereinst
Dem Daniel gleich vor einem Herrscher rede –
Und Silvia: ob da wohl Platz noch wäre
Auf jenem Reittier, an Marias Seite?

ROM, AM TREVIBRUNNEN

Werf ich noch einmal meine kleine Münze
Halb Glaub', halb Aberglaube ins Oval?
Romfahrer tun's. Man sagt, es sei die Bürgschaft
Für Wieder-wiederkehr. Wie? Kehr ich wieder?

Ein Fast-noch-Kind war ich beim ersten Kommen
Und da war Rom – und Zeit und Zeit und Zeit.
Jahrtausendquader, Felswand der Geschichte:
Etruskerschwert und Neros finstre Hausung,
Goldschrift in San Clemente, Adams Blick,
Der Morgenhauch um Iphigeniens Rede,
Schwarzhemden, starr postiert am Kapitol.

Dann kam ein Schweifender, ein Liebesträumer,
Dann einer, der – kaum, daß ich ihn noch kenne –
Wie weißes Brot ein wenig Ruhm verzehrt.

Ich ging, ich kam, ging wieder, kam zurück;
Nun ist's der Tochtersohn, der mich begleitet.
Der würde, würf ich jetzt, mir lachend keck
Vom Brunnengrund die Münze wiederbringen.

Die Münze – wie? Bewahr ich sie, vorsorglich
Für einen, der, zu unbekannter Stunde
Ein Boot im Schuppen löst, die Ruder einlegt,
Und sich anschickt zur Fahrt, die seines Amts ist.

Die Münze, ja. Wenn ich sie gebe, werd ich
Lässig »per Lei, Signore« sagen? Oder
Sag ich, erkennend jäh, mein Stichwort, sag
»Dein Fährgeld, Charon?«
Charon, fahr mich gut –

OLÉVANO, BLICK AUF LATIUM

Nun endlich, ganz zuletzt, auch dies begreifen:
Daß es ein Ganzes ist, dies: da zu sein.
Vorbei die Angst des Werks, die Lebensgeißel,
– Sag: Schreibtisch, Satzbau, Gleichnis und Gedicht,
Geschichte, Szene – sag: ich will, ich muß –
Nur noch: ich bin. Ich bin wie dieses Land,
Ein endlich Ding, doch voll Unendlichkeit.
Dein Teil bin ich, du Latium der Liebe,
Dein ander Ich, du Oleanderbaum.
Dies Mittagslicht: in mir gehts auf und unter,
In mir wird Abend, groß und schattenblau.
Dann kommt die Nacht. Ich bin noch, der ich bin:
Der Mann aus Deutschland, dunkel, denkensschwer,
Nun aber Kreatur und heimgekehrt,
Und die Zypresse wird mich Bruder nennen.

IN DEN VOGESEN

Das Blut ist Erde und das Fleisch ist Staub.
Ein Koppelschloß vielleicht nur überdauert
Tief hier im Leib des Berges.
                                        Und wir gehen
Achtsam umher und schweigend. Doch die Toten
Sind nicht bei uns.
                              Nur daß
Im Weiterfahren uns das dunkle Land
Ein wenig dunkler dünkt –
                                        und auf den kahlen
Bergkuppen Platz wird für die Geisterschrift
Die lautet allfort: HARTMANNSWEILERKOPF.

Nicht, daß sie uns den Mut erschlägt, die Freude
Zerstückelt – und das Leben
So rücklings beugt und so ins Netz beengt,
Daß wir verstummen, wie der Gram verstummt.
Nur daß, da wir – der Kindheit eingedenk,
Der Liebeszeiten dann, des Früherschreckens,
Der schönen Setzung »Einst« und »Von-nun-an« –
Geschiehts, daß jäh in unser aller Wort
Eindringt (wie Salz in mattgewürzte Speise)
Ein wenig Tod von jenem vielen Tod:
»Kurz Leben«, »Flüchtig Glück« und »Nah – – was nah?«

Dann aber, da ein neuerwachter Sinn
Uns Schritt um Schritt dem Erdgestein vermählt:
»Noch hier, noch hier!«
                                    – : wir tauschen Blick und Gruß,
Nichts hält uns auf, vertrautes Dach zu suchen
Und dieses »Heut zu Gast«: Brot, Fisch und Wein.

Zuletzt – wir lauschen in der Fensterbrüstung –
Viel Finsternis. Kein Atem ringsumher.
Vogesennacht.
                    Wie totenstille sind
Die starr und niedrig hier, Wachholderbüsche –

DIE BLINDEN IN DER CHRISTNACHT

Wie sag ich Weihnacht in die blinden Augen,
Ein Seh'nder ich, das Wort dem, der nicht sieht?
Sag ich vom blinden Sänger?
                                        Wie er kam –
Achtsam geleitet kam er zur Estrade,
Fand Platz und Nachbarn, grüßte leise, schwieg,
Ein Turm der Stille nun, und dienstgewärtig.

Lautlosigkeit. Beginn. Geigen und Chor,
Die Zeichensprache rings des Dirigenten.
Und er inmitten, lauschend und – wer gab
Das Zeichen ihm? Sein Zeichen? Keiner.
Genug: er steht und singt. Und singt die Himmel,
Als wie die Ehre Gottes sie erzählen –
Die Himmel? Doch: was ist des Blinden Himmel?
Ein Himmel ohne Mond und ohne Sterne,
Ohn all Gewölk, Lichtspur und Schattenkreis,
Der dunkle Himmel über dunkler Erde –
Und Himmel doch.
                              Ich sage, daß er sang,
Als wäre keine Last. Und daß er endet –
Und da ist keiner, der noch fragt und trauert.
Wie, daß sie hören, wie, daß sie begreifen,
Die Blinden dieser Christnacht hier im Saal?
Begreifen, wie die Hirten auf dem Felde –
Und anders noch – die Botschaft dieser Stunde:
Den Himmelsscharen ist ihr Lobundpreis,
Wie schön er klingt, nicht Lobundpreis genug,
Das Gloria will Menschen.
                                        Menschenstimme,
Zag nur und karg und schuld- und nachtgeboren,

Und ausersehn doch, wunderlich befugt,
Das menschgewordne Wort, den Sohn, zu rühmen.

Wie denn geschiehts? Wie, daß sie dies begreifen?
Wie, daß sie sehen den, der »Siehe« sagt
Und: »Ich verkündige euch große Freude,
Die Freude allem Volke« – wie geschiehts
Zuletzt denn, daß sie singen, sie, auch sie,
Ein ander Hirtenvolk und chorzuhauf –
So singen sie das Lied vom Morgenlicht.
»Brich an, schön Licht« – so singen sie – »und laß
Den Himmel tagen.«
Tagen? Aber wie –
Hier ist, ich weiß, die Gastschaft aller Erde,
Das Tagundnachtgewebe Einerlei,
Gewinn, Verlust, der Mückenflug der Liebe,
Ein einsam Alter dann und dann der Tod,
Und dieser Blinden Hausung hier – ich weiß.

Wie aber, da sie singen nun, geschiehts,
Und ist nicht Traum, doch Wunder unsren Augen:
Und ist, als streife eine große Hand
Den Vorhang hier und dort und dort zurück,
Als öffne sich vor so erloschnem Blick
Der Freiheit Land, das selige Hernach,
Da sich die Rätsel, die verborgnen, lösen –

O hört nicht auf! Mir ist, es sei so nah,
Dies Land Hernach – und hier schon, hier umfinge
Uns, die von Bergen weht, die leichtre Luft
Und andres Licht und eine andre Liebe.

EINEM, DER DAVONGING, NACHGERUFEN

Hier, hier ist Mozart. Hier Zerlinens C-Dur
Und Cherubinos Lied, das Lied der Liebe,
Hier das Quintett der Trauer ohnegleichen:
Trostlosigkeit als wie Essenz des Trostes.
Pamina freilich dachte, wie du dachtest,
Und die Oboen leihen dem Verhängnis
Ein Übermaß der Süße: SO WIRD RUH
IM TODE SEIN –
Kam denn zu dir
Von den drei Knaben keiner, der dich aufhielt?

Du Ungeduld'ger, hier ist Mozart, hier.
Ob sie in jenem anderen Bereich
– wie manche sagen: in vollkommnem Klang –
Dergleichen spielen, ob sie dort noch gelten:
Ferrandos Glut, die Prager Sinfonie –
Das steht dahin.
Hier denn, hier war dein Platz.
Hier wars, daß einer, dieser Eine nur,
Bei angelehnter Tür, in Abschiedskraft,
Das Leben wußte – dennoch – hoch zu rühmen,
Zu bleiben einlud, einem Boten gleichend –

Wie, daß du aufstandst und zur Tür hinausgingst?

GRABSCHRIFT

»Mein bist du«
Spricht der Tod
Und will groß Meister sein.
Umsonst –
Mir hat mein Herr
Versprochen: Du bist mein.

DIE SEELE NUR

Ob unsre Toten, die wir eh und gestern
Dem Unausdenklichen anheimgegeben,
Ob irgend Kunde sie von uns empfangen,
Ob Antwort niederdringt zu unserem Leben?

Zur Gleichnisrede lädt die Schöpfung ein
Im Sterngeleuchte und im Wolkenwiegen,
Ich sehe Mückentanz und Immergrün
Und weiße Falter, die ein Grab umfliegen,

Das Flücht'ge denn, die Wandlung und die Dauer,
Zugleich den Riegel und zugleich die Pforte,
Die Pforte – und wohin? Geschrieben steht:
IM SPIEGEL sehn wir und IM DUNKLEN WORTE.

Wir wissen nichts – ob sie uns wissen, ob
Als die Befreiten sie den Tag uns segnen?
Die Seele nur – sie möchte ihnen heut schon
In einer andren Herrlichkeit begegnen.

IM WEITERGEHEN

Die Seligkeit ist immer Seligkeit,
Und unbedürftig ganz der Erdenräume,
Jedwedem Wunsch entnommen: Seligkeit.
Doch mags geschehn, daß einer, der sich hier
Der Spielwelt freut, im Weitergehen fragt:
Ob wohl die Rosen, die Cézanne gemalt,
Uns dort neu im Vollendungsglanz empfangen?
Ob unter jenem andren Himmel auch
Die Möwen zilfen – als im Sylter Licht?

NICHT STÜRZT

Kantate nach einem Gebet des Augustinus

Revertamur iam, domine,
ut non evertamur
Bekenntnisse, 4. Buch

Im Schatten deiner Flügel, Herr,
Im Schatten deiner Flügel
Verbirg uns, unser Herr.

Der uns in Frühen trug,
Der uns im Mittag trägt,
Wie wirst du tragen uns
In Abend und in Nacht.

Denn du bist unsre Kraft,
Und ist sie unsre Kraft,
So ist sie: Kraft.

Von dir ist unser Leben.
Vom Leben kehren wir uns ab,
So wir abkehrn von dir.

Umkehr vergönn uns, Herr,
Daß hinfort nimmer wir
Verkehrt in Werk und Wesen.
Daß wir sei'n sonder Mangel
In dir, der Güter Gut.

Nicht fürcht ich, fürder sei
Nicht Weg in allen Wegen
Und Heimweg nicht.

Fall ich, nicht fällt dein Haus.
Nicht stürzt, darin wir wohnen,
Haus du ob aller Hausung,
Nicht deine Ewigkeit.

SANKT MARTIN UND DER BETTLER

Zu einer Plastik von Gerhard Marcks

Nicht Pferd, nicht Mantel. Nur dies karge Tuch.
Und dieser Hände nur und dieses Blicks
Verwandelnde Gewalt: wer gibt, wer nimmt?
Glück wohl: des Nehmens Glück. Und größer noch
Des Gebers Glück: dies, daß der Nehmer nahm.
Die Wunde freilich – ach, die Wunde WELT.
Doch siehe, welch ein Licht rings des Vertrauens.
Zwiefache Armut nun.
Und keine Armut.

MOTETTE

»Denn in ihrem Frieden wird euch Frieden sein.«
Jeremia 29, 7 Übersetzt von Martin Buber

Liegen ungebunden auf der Erde
Fremde, Feindschaft und der schwarze Streit.
Mächte suchen Macht, und Macht will Beute,
Und wer mag, wird unrecht Gut gewinnen.
Du nicht, du. Es sollen diese Siege
Dir nicht Siege sein.

Such ihn nicht, den Schlaf des Ganz-Vergessens,
Träum ihn nicht, den fahlen Traum Vorbei.
Wohl, die Tür ist offen – und es winken
Die Befreiten dir, die Frühentfernten.
Steh! Kehr um! Es sollen ihre Schatten
Dir nicht Schatten sein.

Wags, zu wachen! Sprich den Unerlösten
Deinen Gruß nur zu, nur dies: ich weiß.
Liebe findet. Und die alten Zeichen
– Himmelswolke, Herzschlag des Vertrauens,
Blaues Waldgebirg und Kinderlachen –
Dein sind sie – und sieh: in ihrem Frieden
Wird dein Frieden sein.

INHALT

Die Kantate ›Nicht stürzt‹ (Seite 98) ist von H. H. Koch, Urach, die ›Motette‹ (Seite 100) von Karl Michael Komma, Reutlingen, vertont. Die Plastik von Gerhard Marcks (Seite 99) wurde 1977 in der Martinskirche zu Lübeck aufgestellt.